Name/Address	Phone

B

Name/Address	Phone

B

 is for Chimpanzee

C | Name/Address | Phone

 is for...

Name/Address	Phone

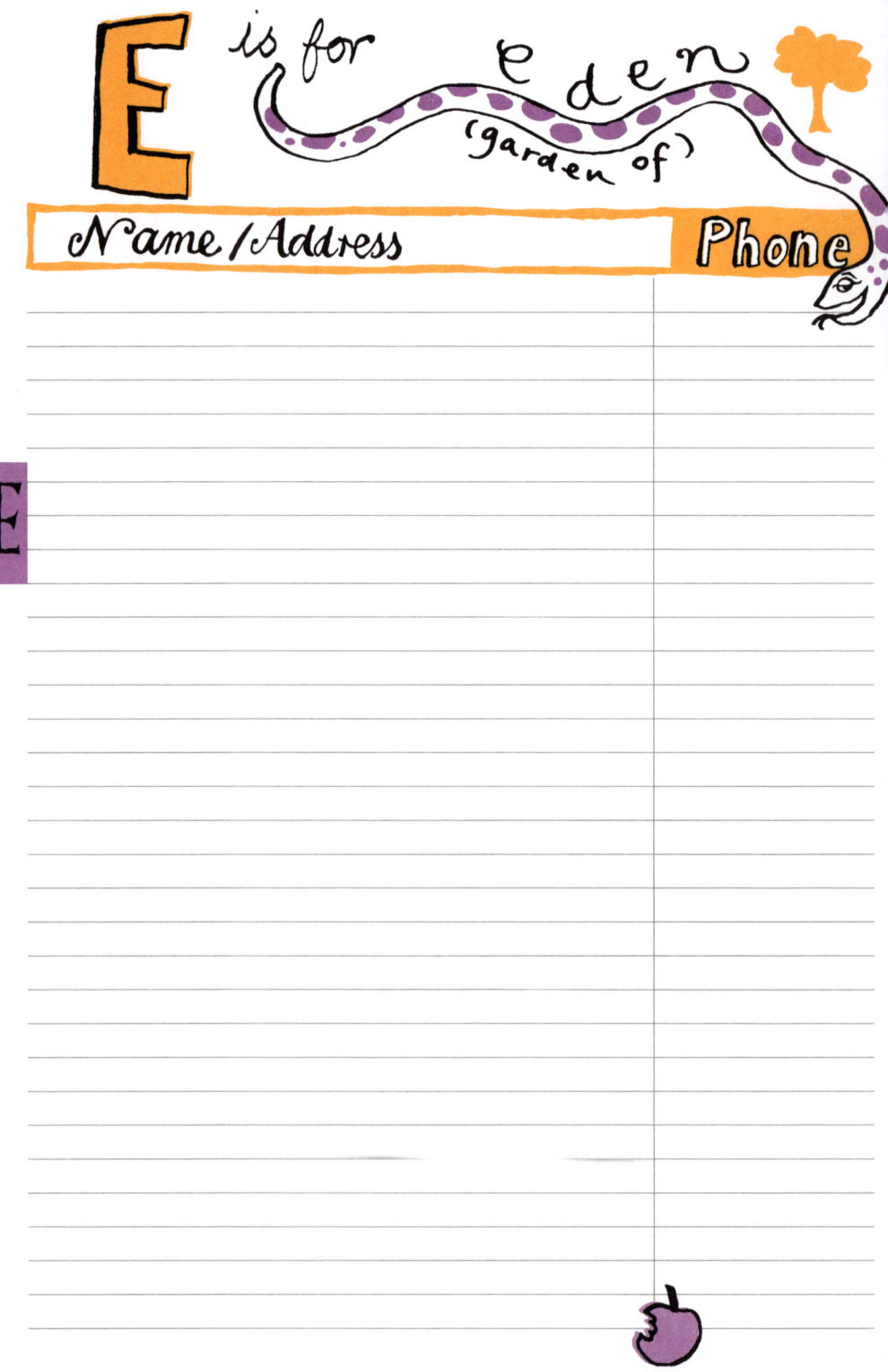

F Folies Bergère is for

Name/Address | Phone

G is for Gnomes (various)

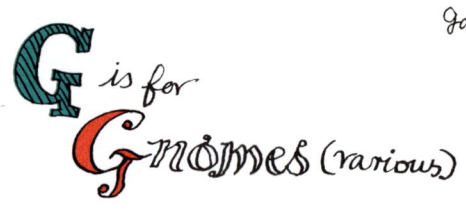

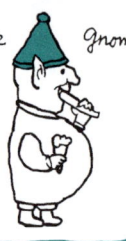

Gastro Gnome

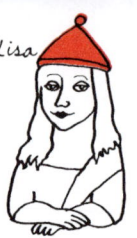

Gnoma Lisa

Name / Address	Phone

G

H is for Hippoboscidae (ticks to you & me)

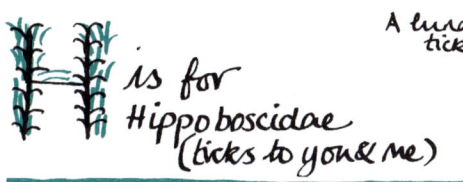

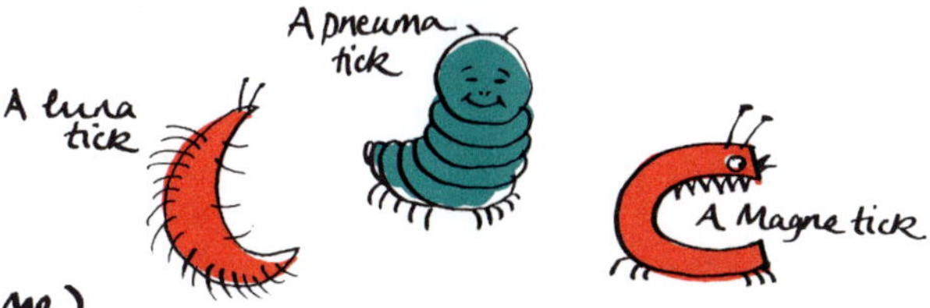

Name / Address	Phone

H I

Name/Address	Phone

J K

undressage

Name/Address	Phone

L

M is for MACHINERY

Name/Address | **Phone**

N is for kNickers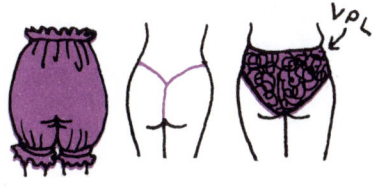

Name/Address — **Phone**

O *for the wings, for the wings of a DOVE...*

O

Name/Address	Phone

Name/Address — **Phone**

P

Q for next year's DodoPad - hot off the press*!

Name/Address	Phone

*avoid the queues - order online at www.dodopad.com

Name/Address | **Phone**

S is for SQUASH

Name/Address	Phone

S

T for Topiary

Name/Address	Phone

T

Name/Address	Phone

UV

W is for Water Closet

Name/Address | Phone

Name/Address	Phone

XYZ